D1748367

KNIFFLIG PFIFFIG LUSTIG

SPANNENDE RÄTSEL FÜR KINDER AB 10 JAHRE

RENATE STEINER

Verlag Ginkoblatt
1. Auflage
2021
(c) Alle Rechte vorbehalten

INHALT

Rätsel

- 😊 Wissen 4
- 😊 Kreatives 9
- 😊 Mathematisches/ Logisches/ Kniffliges 15
- 😊 Scherzfragen/Wortspielereien 21
- 😊 Vorstellungsvermögen 35

Lösungen

- 😊 Wissen – Lösungen 38
- 😊 Kreatives – Lösungen 38
- 😊 Mathematisches/ Logisches/ Kniffliges – Lösungen 39
- 😊 Scherzfragen/Wortspielereien – Lösungen . 40
- 😊 Vorstellungsvermögen – Lösungen 44

LIEBE RÄTSELFREUNDE!

Ich wünsche euch ganz viel Spaß bei der Lösung der kniffligen, pfiffigen und lustigen Rätsel. Das Buch ist in fünf Kapitel gegliedert – in Wissen, Kreatives, Mathematisches/Logisches/Kniffliges, Scherzfragen/Wortspielereien und Vorstellungsvermögen.

.

Einige Denksportaufgaben sind etwas kniffliger und benötigen ein wenig Geduld und Konzentration. Solltet ihr einmal nicht auf die Lösung kommen, findet ihr die Antworten ab Seite 37 – aber denkt daran: Gemogelt wird nicht!

VIEL FREUDE UND ERFOLG BEIM LÖSEN DER KNOBELAUFGABEN!

WISSEN

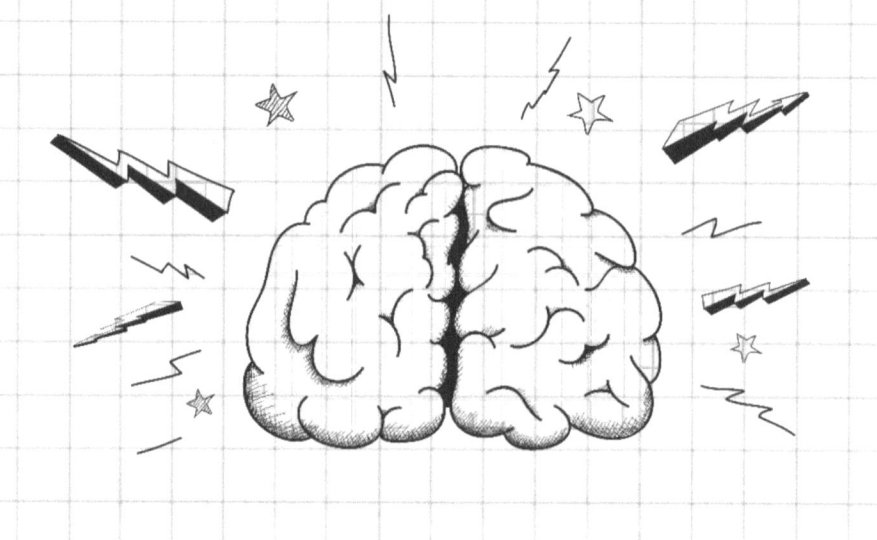

1.

Malte liest sehr oft verbotenerweise in der Nacht im Bett spannende Bücher. Seine Eltern ahnen etwas, konnten ihn allerdings noch nie dabei erwischen, da die Nachttischlampe jedes Mal gelöscht war, wenn sie in Maltes Zimmer kamen.
Eines Abends hat der Vater eine kluge Idee. Er tritt in Maltes dunkles Zimmer und überführt seinen Sohn. Wie hat er das geschafft?

2.

In einem Gasthaus ging ein Weinglas in die Brüche und der Gast beteuert, dass der dreibeinige Tisch gewackelt habe und dadurch das Glas heruntergefallen sei.
Der Wirt weiß aber, dass diese Erklärung des Gastes nicht stimmt. Warum?

3.

Einige Monate haben 30 Tage, andere 31. Aber wie viele Monate haben 28 Tage?

4.

Ein Mann baut eine Holzhütte, bei der sämtliche Wände nach Süden zeigen. Als ein Bär kommt, läuft der Mann rasch in die Hütte. Welche Farbe hat das Tier?

5.

Was kommt in jeder Minute vor und sogar zweimal in jedem Moment, aber nie in tausend Jahren?

6.

Obwohl sie zwei Flügel hat, kann sie nicht fliegen. Obwohl sie einen Rücken hat, kann sie nicht darauf liegen. Obwohl sie auch ein Bein hat, ist es ihr unmöglich, darauf zu stehen. Obwohl sie eine Brille trägt, ist sie blind. Wer oder was ist sie?

7.

Nenne fünf Wochentage, die aufeinander folgen und in denen kein „a" vorkommt?

8.

Eine Familie lebt eine Woche lang in einer abgeschiedenen Hütte in den Bergen. Vorräte besitzen sie genug, nur haben sie nicht bedacht, dass nach einigen Tagen der Docht der Petroleumlampe so weit aufgebraucht ist, dass er nicht mehr bis ins Petroleum reicht. Zwar ist in der Lampe noch ausreichend Petroleum vorhanden, jedoch reicht der Docht nicht mehr weit genug nach unten. Petroleum zum Nachfüllen haben sie keins. Was macht die Familie, damit ihre Lampe weiterhin brennt?

9.

Es war einmal eine Mutter, deren ganzer Stolz waren ihre vier völlig unterschiedlichen Kinder. Das erste Kind war wendig und konnte mit den Händen kaum gepackt werden. Das zweite war unersättlich und konnte sich für viele Arten von Nahrung begeistern. Das dritte Kind war träge und schwer und lag stets bewegungslos herum. Das vierte Kind war vollkommen unsichtbar.
Wie heißt das vierte Kind?

10.

Ein Junge fragt seinen Vater: „Sind Eisbären Raubtiere oder nicht?" „Natürlich sind es Raubtiere", antwortet der Vater. Der Junge wundert sich: „Aber warum fressen sie dann keine Pinguine?" Eine gute Frage. Weißt du es?

11.

Ein Mitreisender im Auto berichtet: „Wenn wir mit dem Auto fahren, sind wir immer zu fünft. Ich verbringe die meiste Zeit im dunklen Kofferraum, während meine vier Freunde unermüdlich beschäftigt sind. Nur wenn einem meiner Freunde etwas passiert, springe ich gerne ein. Weißt du, wer ich bin?"

12.

Ein Sammler möchte einige seiner wertvollen Münzen verkaufen, da er Bargeld braucht. Er betritt ein Antiquitätengeschäft und bietet dem Händler eine alte, römische Münze aus der Antike zum Kauf an. Der Antiquitätenkenner betrachtet die goldene Münze mit der Prägung ‚69 v. Chr.' und das Abbild des Kaiser Titus sehr genau. Woran erkennt der erfahrene Antiquitätenhändler auf den ersten Blick, dass es sich um eine Fälschung handelt?

KREATIVES

13.

Der kleine Matthias wohnt im 18. Stockwerk eines Wolkenkratzers. Am Morgen benutzt er den Lift bis ins Erdgeschoss. Wenn er mittags aus der Grundschule kommt, steigt er im Stockwerk 14 aus und läuft die restlichen Treppen zu Fuß nach oben. Warum nutzt er nach Schulschluss, obwohl er müde und hungrig ist, nicht ebenfalls den Aufzug bis in den 18. Stock zur Wohnung?

14.

Ein Busfahrtticket für den ganzen Tag kostet 2 Euro. Ein Single-Fahrschein kostet die Hälfte. Ein Mann steigt in den Bus ein, legt dem Fahrer wortlos 2 Euro hin und erhält eine Tageskarte.
Warum hat der Busfahrer gewusst, dass der Mann eine Tageskarte und keinen Single-Fahrschein haben wollte?

15.

Herr Müller verbringt ein Wochenende in den Bergen in seiner Jagdhütte. Als er dort ankommt, ist es im Raum bitterkalt. Aus diesem Grunde will er sofort Feuer machen. Er hat eine Flasche Brennspiritus, einen offenen Kamin, eine Streichholzschachtel, einige alte Zeitungen und einen Stapel Brennholz. Was zündet Herr Müller zuerst an, nachdem er die Lage überblickt hat?

16.

Sieben Jungen haben vom Nachbarn sieben frische Äpfel in einem Korb bekommen und sollen sie so teilen, dass jeder von ihnen einen Apfel erhält, aber ein Apfel im Korb bleibt.
Wie können die sieben Freunde das lösen?

17.

Ein Gangster wird von der Polizei verfolgt, weil er zwei wertvolle goldene Kugeln gestohlen hat. Er läuft durch die unbekannte Stadt und erreicht eine etwa 40 Meter lange, sehr schmale Holzbrücke, die über einen reißenden Fluss führt. Ein Schild weist darauf hin, dass die maximale Belastung der Brücke exakt 80 Kilogramm beträgt. Der Mann wiegt genau 75 kg, die beiden Kugeln haben ein Gewicht von je 5 kg. Der Vorsprung vor der Polizei ist so gering, dass der Dieb keine Zeit hat, zweimal über die Brücke zu rennen. Er schafft es dennoch – aber wie?

18.

Ein Mann wankt stark angetrunken nach Hause. Auf dem Gehweg entdeckt er am Boden eine Geldmünze. Obwohl der Himmel weder Mond noch Sterne zeigt und alle Straßenlaternen ausgeschaltet sind, konnte er das Geldstück schon aus einiger Entfernung sehen. Wie ist das möglich?

19.

Hannes wusch sich am Abend, putzte sich die Zähne, löschte das Licht, legte sich ins Bett und schlief. Durch seinen Fehler starben in dieser Nacht viele Menschen.
Wie konnte das passieren?

20.

Ein Liebespärchen schaut sich im gut besuchten Kino gemeinsam einen Abenteuerfilm an. Während der Vorstellung tötet der junge Mann seine Freundin und schafft die Leiche ungesehen aus dem Kino weg.
Wie hat er das gemacht?

21.

Ein Mann möchte mit seinem Kahn einen breiten Fluss überqueren und hat einen Kohl, eine Ziege und einen Wolf bei sich. Alle drei Dinge sollen ungehindert ans andere Ufer kommen, aber es darf außer dem rudernden Mann nur noch ein weiterer Gegenstand ins Boot. Solange der Ruderer anwesend ist, besteht keine Gefahr, allerdings ist der Kohl das Lieblingsfutter der Ziege und der Wolf frisst die Ziege, sobald sie alleine gelassen werden. Wie kommt der Mann mit seinen gefräßigen Tieren und dem Kohl ohne Schaden zur anderen Uferseite?

22.

Eine Kundin leiht sich für ca. eine Stunde einen Wagen. Als sie den Wagen an den Ort zurückbringen will, kommt ein Mann auf sie zu und überreicht ihr dafür Geld. Die Frau nickt, nimmt das Geld wortlos an und gibt dem Kunden den Wagen, ohne sich noch einmal umzuschauen.
Um welchen Wagen handelt es sich?

23.

Ein Mann kommt als Fremder in ein kleines Dorf. Er braucht dringend einen neuen Haarschnitt und will deshalb zum besten Friseur des Dorfes. Es gibt nur 2 Friseure, die allein arbeiten. Der eine Laden ist schmutzig, unaufgeräumt und der Friseur selbst hat einen sehr schlechten Haarschnitt. Der andere Friseur hat einen gutaussehenden, sauberen Laden und einen fantastischen Haarschnitt.
Zu welchem Friseur geht der Mann?

24.

Ein junger Mann stirbt und wird im Himmel von Petrus begrüßt und herumgeführt. Auf dem Rundgang fällt dem Mann auf, dass alle Anwesenden, außer Petrus, nackt und jung sind. Dann entdeckt er ein Paar, bei dem es sich seiner Meinung nach um Adam und Eva handeln muss. Petrus bestätigt seine Vermutung.
Woran hat der Mann Adam und Eva erkannt?

Mathematisches Logisches Kniffliges

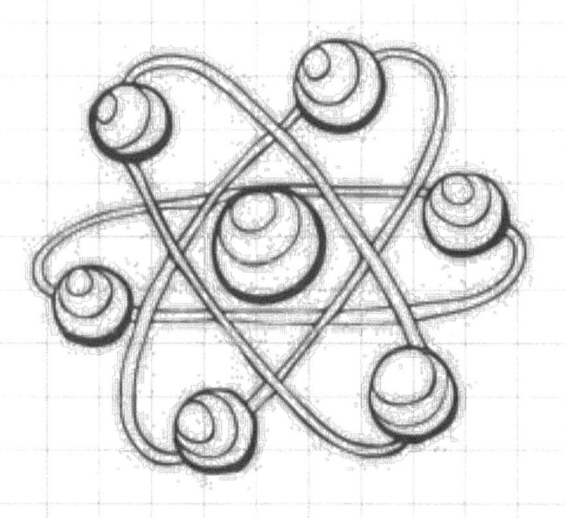

25.

Vier Jungen veranstalten mit ihren Seifenkisten ein Wettrennen. Tobias fährt viel langsamer als Daniel und Timo, Daniel rollt gedrosselter als Timo, aber nicht so gemächlich wie Markus.
Wer fährt am schnellsten?

26.

Melanie und Sabine haben zusammen 60 €, die sie so aufteilen sollen, dass Melanie 1 Euro mehr als Sabine hat. Wie viel Geld hat jedes Mädchen am Ende?

27.

Till, Bastian und Stefan sind sportliche Brüder. Alle drei wollen einem Handballverein beitreten. Der Trainer braucht das Alter der Jungen. Till antwortet: „Bastian und ich sind zusammen 32 Jahre alt, Bastian und Stefan bringen es auf 28 Jahre und Stefan und ich sind addiert 30 Jahre alt!"

Wie alt sind Till, Bastian und Stefan?

28.

Zwei Mütter und zwei Töchter backen Kuchen. Jede von ihnen backt einen Kuchen, dennoch stehen am Ende nur drei Kuchen auf dem Tisch. Wie ist das möglich?

29.

Frau Meier lässt sich vom Arzt drei Tabletten verschreiben, die sie einzeln alle 15 Minuten einnehmen soll.
Wann muss sie die letzte Pille einnehmen?

30.

Zwei Kamelkarawanen begegnen sich. Der eine Karawanenführer sagt zum anderen: „Gibst du mir eines deiner Tiere, dann haben wir gleich viele." Darauf erwidert der andere: „Wenn du mir aber eins von deinen Kamelen überlässt, dann habe ich doppelt so viele wie du."
Aus wie vielen Reittieren bestehen die beiden Karawanen?

31.

Der Nikolaus schenkt Claudia elf Kekse und sagt: „Iss sie nur nicht alle auf einmal. Warte jedes Mal sieben Minuten, bis du den nächsten Keks verspeist, sonst bekommst du Bauchweh."
Nach wie vielen Minuten hat Claudia frühestens alle Kekse gegessen?

32.

Holgers Wanduhr in der Almhütte ist stehen geblieben. Er möchte sie neu aufziehen und die richtige Uhrzeit einstellen, hat jedoch keine Armbanduhr, kein Handy und keinen Computer und muss daher in das nächstgelegene Dorf wandern, um die korrekte Uhrzeit zu erfahren.
Die Wanduhr ist viel zu schwer, um sie auf der Wanderung mitzunehmen.
Wie schafft es Holger, *nach* seiner Rückkehr die korrekte Uhrzeit einzustellen, ohne selbst eine Uhr zu haben?

33.

Eine Schildkröte will einen Berg erklimmen, der 600 Meter hoch ist. Jeden Tag überwindet sie 60 Höhenmeter, schläft aber nachts schlecht und rollt unbemerkt jedes Mal 40 Höhenmeter hinab. Nach wie vielen Tagen erreicht die Schildkröte die Spitze des Berges?

34.

Lara und Klara backen Plätzchen. Der Teig ist schon ausgerollt und der Backofen vorgeheizt. Nun werden mit Förmchen Sterne ausgestochen. Insgesamt haben die beiden Mädchen 48 Sterne ausgestochen, aber Lara hat die doppelte Menge an Plätzchen als Klara. Wie viele Plätzchen haben die beiden jeweils ausgestochen?

35.

Carola freut sich auf den Sprint, denn sie hat lange für den Wettkampf trainiert und möchte unbedingt eine Medaille gewinnen. Der Start verläuft leider nicht so gut, denn es sind noch schnellere Läufer vor ihr. Kurz vor dem Ziel steigert sie ihre Geschwindigkeit und überholt die dritte Läuferin. Mit letzter Kraft rennt sie an der zweiten Läuferin vorbei und ins Ziel. Welche Medaille bekommt sie am Ende?

36.

Vor zwei Tagen war Sonntag. Gestern war Montag. Welcher Tag ist morgen?

37.

Zwei Väter und zwei Söhne gehen fischen. Jeder fängt einen Fisch und doch bringen sie nur drei Fische nachhause. Wie ist das möglich?

38.

Von 7 Schwestern hat jede einen Bruder. Wie viele Geschwister sind es?

39.

Was ist mehr? 8 Kilo Federn oder 8 Kilo Eisen?

Scherzfragen/ Wortspielereien

40.
Du bist der ruhmreiche Rennfahrer eines Formel-1-Wagens, der mit 250 km/h auf einer 100 Kilometer langen Strecke fährt. Nach 50 Kilometern überrascht dich ein Unwetter, sodass du dein Auto nur noch mit gedrosselter Geschwindigkeit fahren kannst. Wie alt ist der Fahrer?

41.
Um vier Eier weich zu kochen, braucht es ca. fünf Minuten. Wie viele Minuten benötigt man, um zehn Eier weich zu kochen?

42. Welcher Mann wird bei Sonne kleiner?

43. Welchen Garten muss man nicht gießen?

44. Welcher Zahn kann nicht beißen?

45. Welche Feige genießt man besser nicht?

46. Welcher Strudel ist ungefährlich?

47. Vor sehr langer Zeit machten die Menschen eine Erfindung, mit der man durch Wände schauen kann. Wie heißt sie?

48. Ein Bauer steht auf seinem Feld. Ein Pferd nähert sich. Im Bruchteil einer Sekunde verschwindet der Bauer von seinem Platz. Wie konnte das passieren?

49. Welcher Stein raucht?

50. Was fällt durch eine Scheibe und zerbricht sie dennoch nicht?

51. Was kann in allen Sprachen ohne Mund sprechen und die eigenen Worte nicht hören?

52. Welcher Stuhl hat keine Beine und kommt doch hoch hinaus?

53. Welches Gemüse ist immer lustig?

54. Welcher Hund kann nicht bellen?

55. Welches Laub wird täglich kürzer?

56. Welcher Hahn kann nicht krähen?

57. Welche Brille tragen die Menschen nicht auf der Nase?

58. Ich bin ein zartes Kätzchen mit einem weichen Fell, habe aber keine Pfoten und kann nicht schnurren. Mein Aussehen ist silbrig-weiß und Mäuse fangen kann ich nicht. Ich liebe die Natur und bin kein Tier, aber die Bienen sind sehr gerne bei mir zu Gast. Na, wer bin ich?

59. Wer lebt von der Hand in den Mund?

60. Welche Leiter nützt der Feuerwehr nichts?

61. Welche Enten trinken Bier?

62. Welche Kunden werden nicht bedient?

63. Was berechnet ein Mathematiker und was behandelt ein Arzt?

64. Was macht eine Putzfrau in der Wüste?

65. Welche Pillen verordnet kein Arzt?

66. Welches Fieber kann man nicht messen?

67. Was ist ein Keks unter einem großen Sommerbaum?

68. Welche Birne wird niemals faul?

69. Welche Watte kann man essen?

70. Was wird zuerst gelesen und dann verspeist?

71. Mit welcher Gabel kann man nicht essen?

72. In welcher Küche wird nicht gekocht?

73. Welche Milch ist nicht schlank?

74. Wieso können Skelette so schlecht lügen?

75. Bei welcher Frage kann niemand mit JA antworten?

76. Welcher Arm macht den meisten Lärm?

77. Wer hat viele Zähne ohne Mund?

78. Was kann man mit den Augen sehen, aber mit den Händen nicht greifen?

79. Welche Rosen welken nicht?

80. Wer oder was fällt, ohne sich dabei zu verletzen?

81. Was brennt bei Tag und bei Nacht und verbrennt selbst doch nicht?

82. Was kann ohne Füße springen?

83. Wer oder was geht über das Wasser ohne nass zu werden?

84. Wer nimmt ab und zu ab und zu?

85. Welchen Pilz kann man nicht pflücken?

86. Welcher Stock eignet sich nicht zum Wandern?

87. Welches Tier fährt auch über Straßen?

88. Welche Drossel hat keine Federn?

89. Welches Tier ist das stärkste unter allen Tieren?

90. Welche Hunde treten bei Weltmeisterschaften an?

91. Auf welchem Pferd kann niemand reiten?

92. Welcher Vogel hat kein Glück und ist immer traurig?

93. Welcher Kater kann nicht miauen?

94. Welches Schwein steht in keinem Stall?

95. Wer wirft mit Geld um sich?

96. Welcher Sinn hat keinen Sinn?

97. Was ist der Alptraum eines Luftballons?

98. Welcher Bus überquerte als Erster den Ozean?

99. Welches Kino hat keine Sitzplätze?

100. Was hat 21 Augen, kann aber trotzdem nicht sehen?

101. Was ist sauber VOR und schmutzig NACH dem Waschen?

102. In mir gibt es Ozeane, aber ich habe keinen Tropfen Wasser. Wer bin ich?

103. 50 Männer bauen in 6 Monaten eine exklusive Villa. Wie lange dauert es, wenn nur 25 Männer dieselbe Villa bauen?

104. Was wird beim Trocknen nass?

105. Eine junge Frau fällt unglücklicherweise aus dem Fenster eines hohen Wolkenkratzers und verletzt sich nicht. Wie konnte das passieren?

106. Wie heißt die Steigerungsform von BUCHSTABENSUPPE?

107. Welcher war der höchste Berg der Welt, bevor der Mount Everest entdeckt wurde?

108. Ein Schornsteinfeger klettert in einer Siedlung auf verschiedene Hausdächer und reinigt erst 21 Schornsteine, danach 15 Schornsteine und zum Schluss noch einmal 8 Schornsteine. Was kommt da heraus?

109. Wie kann man auf dem Wasser laufen?

110. Auf einer Überlandleitung sitzen 10 Vögel. Ein Jäger erschießt 2 der Vögel. Wie viele sitzen noch auf der Stromleitung?

111. Welche Vögel legen niemals Eier?

112. Wie oft kann man die Zahl 1 von der Zahl 50 abziehen?

113. Wenn man ihn braucht, wirft man ihn weg. Wird er nicht mehr benötigt, holt man ihn wieder. Was ist es?

114. In welchen Zug passt nur ein Mensch hinein?

115. Was kann man mit keinem Wort der Welt ausdrücken?

116. Welches Spiel kann niemand in Deutschland spielen?

117. Welche Haarfarbe hatten die alten Römer?

118. Was hat zwei Beine und kann trotzdem nicht laufen?

119. Was kann man jemandem weitergeben und es trotzdem auch noch behalten?

120. Fünf Männer sind auf einer Bootstour unterwegs. Unglücklicherweise hat das Boot ein Leck, das Wasser läuft ins Boot und es sinkt. Alle Männer stürzen am Ende kopfüber ins Wasser, aber nur vier Männer bekommen nasse Haare. Wie kann das sein?

121. Wie viel Erde liegt in einer Vertiefung, die 30 cm breit, 50 cm lang und 20 cm tief ist?

122. Was liegt zwischen Land und Meer?

123. Welchen Apfel sollte man nicht verspeisen?

124. Was setzt ein Gärtner als Erstes in seinen Nutzgarten?

125. Ein Flugzeug stürzt über der Grenze zwischen Italien und Deutschland ab. Wo werden die Toten begraben?

126. Warum fliegen Vögel in unserem Winter Richtung Süden?

127. Man hat 3 Birnen und nimmt 2 weg. Wie viele Birnen hat man dann?

128. Warum ist es nicht legal, einen Mann, der in München lebt, in Berlin zu begraben?

129. Welche Finger haben eine Strafe verdient?

130. Wer verdient viel Geld, obwohl er keinen einzigen Tag gearbeitet hat?

131. Welches Brot kann man keinesfalls zum Frühstück bekommen?

132. Welcher Peter macht am meisten Krach?

133. Eine Frau lebt in einem roten Bungalow. Sie trägt gern rote Kleider, besitzt einen roten Hut und fährt ein rotes Auto. Alle Wände sind rot gestrichen und die Einrichtung ist komplett in Rottönen gehalten. Welche Farbe haben die Treppen?

134. Warum werden immerzu neue Häuser gebaut?

135. Wer geht mit dir schwimmen und wird dennoch nicht nass?

136. Auf welche Nägel mag sogar ein Zimmermann nicht hauen?

137. Welcher Baum hat keine Wurzeln?

138. Wer frisst gern und mengenweise Eisen und es wird ihm nicht schlecht davon?

139. Wenn man es hat, teilt man es nicht. Wenn man es teilt, hat man es nicht mehr. Was ist das?

140. Was geht hoch, aber niemals herunter?

141. Du siehst mich im Wasser und doch werde ich nie nass. Was bin ich?

142. Wer hat es gemütlicher? Tee oder Kaffee?

143. Was wird jedes Mal größer, wenn etwas davon wegnimmt?

144. Wenn du meinen Namen aussprichst, bin ich nicht mehr da. Was bin ich?

145. Was kannst du in deiner rechten Hand halten, aber niemals in der linken?

146. Was benutzen die anderen Menschen öfter als du, obwohl es dir gehört?

147. Was kannst du sehen, aber niemals hören?

Vorstellungs- vermögen

148.

Um einen kleinen See watschelt eine Ente hinter zwei anderen her, eine weitere Ente läuft zwischen zwei Enten und eine andere Ente trippelt vor zwei Enten.
Wie viele Enten watscheln insgesamt um den See?

149.

Drei Männer treffen sich am See. Herr Grün, Herr Gelb und Herr Rot und jeder trägt zum Schwimmen seine Badekappe. „Das ist lustig!", sagt Herr Gelb, „jede unserer
Badekappen hat eine andere Farbe. Diese Farben sind genau identisch mit unseren Namen, aber keiner von uns hat die Badekappe in der Farbe seines Namens aufgesetzt."
Herr Rot trägt keine grüne Badekappe! Welche Farbe hat die Badekappe von Herrn Grün?

150.

Mia und Tina sind zwei gute Turnerinnen. Mia ist recht klein, ihre Freundin Tina hingegen ist sehr groß und überragt Mia um mehr als eine Handbreit. In der Küche wollen die beiden von einem sehr hohen Regal eine Box mit Keksen erreichen. Dazu muss sich eine der beiden Sportlerinnen auf die Schultern der anderen stellen.

Wer muss auf wessen Schulter steigen, damit die beiden Freundinnen möglichst hoch in das Regal fassen können?

151.

In einer Küche stehen zwei hohe Karaffen mit jeweils einem Liter Flüssigkeit. In einer Karaffe ist gewöhnlicher Essig, in der anderen schwimmt Olivenöl. Man nimmt vom Essig einen Teelöffel und gibt die Flüssigkeit in die Ölkaraffe. Dann verrührt man das Ganze sehr gut und nimmt danach einen Teelöffel vom Gemisch und gibt es in das Essiggefäß. Befindet sich nun mehr Essig in der Karaffe mit Öl oder mehr Öl im Essigkrug?

152.

In einem großen Warenhaus befinden sich im 1. Stock die Artikel für die Damen, im 2. Stock wird Herrenbekleidung verkauft, im 3. Stock erwirbt man Kinderbekleidung und im 4. Stock werden Elektronikartikel und Sportsachen angeboten. Viele Kunden fahren täglich in diesem Kaufhaus mit dem Aufzug. Welcher Knopf wird in diesem Aufzug am häufigsten gedrückt?

LÖSUNGEN

Wissen – Lösungen

1. Er fasste die Nachttischlampe an und verbrannte sich beinahe die Finger, weil die Glühbirne noch heiß war.
2. Ein dreibeiniger Tisch kann nicht wackeln.
3. alle
4. Weiß – Es muss ein Eisbär sein, denn nur am Nordpol zeigen alle Wände Richtung Süden.
5. M
6. Nase
7. vorgestern, gestern, heute, morgen, übermorge
8. Sie füllen Wasser in die Lampe, das Petroleum schwimmt oben und so reicht der Docht in die Petroleumschicht.
9. Luft
   (Feuer, Wasser, Erde)
10. Eisbären leben am Nordpol, Pinguine hingegen am Südpol.
11. Reserverad
12. Die Jahreszahl ‚69 v. Chr.' konnte man nicht prägen, da man ja von Christi Geburt noch gar nichts wusste.

Kreatives – Lösungen

13. Matthias ist noch relativ klein und erreicht den Knopf im Aufzug für den 18. Stock nicht.
14. Weil der Mann mit zwei 50 Cent-Münzen bezahlt hat.
15. Ein Streichholz aus der Schachtel, um damit z. B. die Zeitungen und das Holz zum Brennen zu bringen.
16. Sechs Jungen nehmen einen Apfel aus dem Korb und der siebte Junge behält den Korb mit dem Apfel.

17. Er jongliert mit den beiden Kugeln, sodass bei jedem Schritt eine der Kugeln in der Luft ist.
18. Es war helllichter Tag, als er nach Hause kam.
19. Hannes ist ein Leuchtturmwärter. Das Licht auszumachen war keine gute Idee für die Schifffahrt.
20. Die beiden Verliebten hatten sich Tickets für ein Autokino gekauft.
21. Der Bauer nimmt zuerst das Schaf mit und lässt es auf der anderen Seite. Bei der zweiten Fahrt nimmt er den Wolf ans andere Ufer mit und lädt das Schaf ins Boot, weil es mit zurückfahren muss. Dann holt der Bauer den Blumenkohl ab und lässt das Schaf am Ufer stehen. Nachdem der Blumenkohl beim Wolf auf der gegenüberliegenden Seite ist, rudert der Bauer ein letztes Mal über den Fluss und holt das Schaf ab.
22. Einkaufswagen im Supermarkt
23. Er geht zum schäbigen Friseurladen, denn er geht davon aus, dass der Friseur dort seinem Kollegen des modernen Geschäfts den attraktiven Haarschnitt verpasst hat und somit der bessere Friseur ist.
24. Adam und Eva haben keinen Bauchnabel.

Mathematisches/ Logisches/ Kniffliges – Lösungen

25. Timo
26. Melanie 30,50 Euro
    Sabine 29,50 Euro
27. Till: 17 J.
    Bastian: 15 J.
    Stefan 13: J.
28. Es sind Großmutter, Mutter und Tochter.
29. exakt nach einer halben Stunde

30. Karawane A: 5
    Karawane B: 7
31. 70 Minuten
    (7 x 10 Minuten = 70, denn der 1. Keks wird in Minute 0 gegessen.)
32. Bevor er losgeht, stellt Holger die Wanduhr auf 12:00 Uhr. Wenn er zurück ist, errechnet er, wie lange er für den Hin- und Rückweg der Wanderung benötigt hat. Die korrekte Uhrzeit ist dann die Zeit, die Holger im Dorf erfahren hat, plus die Zeit, die er für den Rückweg benötigt hat.
33. Innerhalb der ersten 27 Tage überwindet die Schildkröte 540 Höhenmeter. Am 28. Tag erreicht sie den Gipfel, da sie am Tag 60 Höhenmeter schafft und keine Nacht mehr folgt.
34. Lara: 32
    Klara: 16
35. Silbermedaille
    Sie konnte die erste Läuferin an der Spitze nicht mehr überholen.
36. Mittwoch
37. Die Gruppe besteht aus einem Großvater, seinem Sohn und Enkelsohn – es sind also nur drei Fischer.
38. 8
39. Beides gleich viel.

Scherzfragen/Wortspielereien – Lösungen

40. So alt wie der Gefragte, denn im 1. Satz des Rätsels heißt es, dass man der Fahrer sei.
41. 5 Minuten – alle Eier sind zusammen in einem Topf!
42. Schneemann
43. Kindergarten
44. Löwenzahn

45. Ohrfeige
46. Apfelstrudel
47. Fenster
48. Beim Schachspiel wurde ein Bauer durch ein Pferd des Gegners geschlagen.
49. Schornstein
50. Sonnenlicht
51. Echo
52. Fahrstuhl
53. Kichererbsen
54. Seehund
55. Urlaub
56. Wasserhahn
57. Toilettenbrille
58. Weidenkätzchen
59. Zahnarzt
60. Tonleiter
61. Studenten
62. Sekunden
63. Bruch
64. Staubsaugen
65. Pupillen
66. Lampenfieber
67. Ein schattiges Plätzchen
68. Glühbirne
69. Zuckerwatte
70. Weintrauben
71. Fahrradgabel
72. Gerüchteküche
73. Dickmilch
74. Sie sind leicht zu durchschauen.
75. „Schläfst du schon?"
76. Alarm
77. Säge

78. Nebel
79. Matrosen
80. Schnee
81. Brennnessel
82. Springbrunnen
83. Brücke
84. Mond
85. Glückspilz
86. Schraubstock
87. Jaguar
88. Schnapsdrossel
89. Schnecke – sie trägt ihr eigenes Haus
90. Boxer
91. Steckenpferd
92. Pechvogel
93. Muskelkater
94. Sparschwein
95. Scheinwerfer
96. Unsinn
97. Platzangst
98. Kolumbus
99. Daumenkino
100. Würfel
101. Wasser
102. Atlas
103. Die 25 Männer bauen nichts, denn DIESELBE Villa wurde ja schon fertiggestellt.
104. Handtuch
105. Sie stürzte aus dem Fenster des Erdgeschosses.
106. Wörtersee
107. Mount Everest – er war nur noch nicht entdeckt und benannt worden.
108. Rauch

109. Man wartet bis im eiskalten Winter das Wasser gefroren ist.
110. Es bleibt kein Vogel sitzen, weil alle durch den Knall aufgeschreckt werden und davonfliegen.
111. männliche Vögel
112. Nur einmal – denn danach muss man die 1 von 49 abziehen.
113. Anker
114. Anzug
115. Schwamm
116. Beispiel
117. Grau – so wie alle alten Menschen!
118. Hose
119. Grippe
120. Ein Mann hat eine Glatze.
121. Es gibt keine Erde in einem Loch.
122. „und"
123. Pferdeapfel
124. seinen Fuß
125. Es gibt keine Grenze zwischen Italien und Deutschland.
126. Sie fliegen, weil es zum Gehen zu weit ist.
127. 2 – die hat man ja weggenommen.
128. Man darf Lebende nicht begraben.
129. Langfinger
130. Nachtwächter
131. Abendbrot
132. Trompeter
133. Es gibt im Bungalow keine Treppen.
134. ... weil man alte Häuser nicht bauen kann.
135. Schatten
136. Fingernägel
137. Purzelbaum
138. Rost
139. Geheimnis

140. Alter
141. Wasserspiegelung
142. Kaffee, denn er kann sich setzen.
143. Ein Loch in der Erde
144. Das Schweigen
145. Deine linke Hand
146. Deinen Namen.
147. Licht

Vorstellungsvermögen - Lösungen

148. 3 im Gänsemarsch
149. Herr Grün trägt die rote Badekappe
150. Tina hat wegen ihrer Körpergröße die längeren Arme, sodass sie oben ins Regal fassen muss. Daher muss Mia unten stehen und ihre Freundin halten, weil ihre kürzeren Arme wenig nützen würden.
151. Von beidem ist gleichviel im anderen Glas.
152. E für Erdgeschoss

Renate Steiner
Schwabengraben 45
8385 Mühlgraben
Österreich

Grafik: Jana Schuhmann
Lektorat: Sabine Remde
Copyright © 2019 / Erich Steiner

ISBN 978-3-7531-4940-0

www.epubli.de